Henry

Eva Hierteis

Weihnachtsgeschichten

Illustriert von Cornelia Haas

www.leseloewen.de

ISBN 978-3-7855-7008-1
1. Auflage 2012
© 2012 Loewe Verlag GmbH, Bindlach
Umschlagillustration: Cornelia Haas
Reihenlogo: nach einem Entwurf
von Angelika Stubner
Printed in Italy

www.loewe-verlag.de

Inhalt

Engelbert und Alfons

Engelbert und Alfons
waren Weihnachtsengel.
Sie wohnten im Himmel.
Tagein, tagaus sangen sie
mit den himmlischen Chören.
Und obwohl Engel natürlich
eine Engelsgeduld haben,
hatte Engelbert eines Tages
keine Lust mehr auf Weihnachtslieder
und Glöckchenklingeln.

Er ließ die Beine
aus seinem Himmelbett baumeln
und rief zu seinem Freund
auf der Nachbarwolke hinüber:
„He, Alfons!
Immer dasselbe ist doch öde!"
Alfons kratzte sich am Flügel.
„Stimmt eigentlich.
Sollen wir mal
was anderes ausprobieren?"

Heimlich schlichen sich die beiden
in ein Himmelszelt.
Den Reißverschluss zogen sie zu,
damit sie keiner hören konnte.
„Laute Nacht, rockige Nacht,
alles singt, bis es kracht!",
legte Engelbert sofort los.
Dazu schüttelte er so wild den Kopf,
dass seine goldenen Locken flogen.
Alfons kicherte.

Jetzt wollte er auch mal:

„Oh Tannenbaum, oh Tannenbaum,

die Oma sitzt im Pflaumenbaum.

Sie spuckt die Kerne weit herab.

Darüber lacht sich Opa schlapp.

Oh Tannenbaum, oh Tannenbaum.“

Und weil er ein Engel war

und Engel natürlich Englisch können,

kreischte er noch:

„Yes, yes, no, no.

Yes, yes, hello!“

Engelbert fand das himmlisch.
Schnell legte er die Harfe weg
und spielte Luftgitarre dazu.
Und so rockten und röhrten
die beiden noch lange weiter.
Und wenn du ganz, ganz still bist,
kannst du sie
in dunklen kalten Winternächten
singen und kichern hören.
Alle Jahre wieder.

Der Weihnachts-Bengel

Hallo und wuff!

Ich bin Bengel.

Mein Herrchen heißt Anton.

Heute geht Anton mit mir

auf den Weihnachtsmarkt.

Da war ich noch nie.

Ich schnuppere hierhin

und schnuffle dorthin.

Hmmm! Riecht das lecker:

nach Zimt, Schokolade und Mandeln.

Besser als jeder Hundehaufen!

Anton zeigt mir große Holzfiguren.

„Schau, das sind Josef und Maria

vor der Krippe.“

So ein schönes Körbchen!

Wie für mich gemacht.

Ich springe über die Absperrung

und kuschle mich in die Krippe.

Schnell hebt Anton mich heraus.

Jetzt muss ich mal.

Zum Glück entdecke ich

einen großen Tannenbaum.

Schön ist der und bunt geschmückt.

In seinen Zweigen funkeln Lichter.

Ich laufe los und hebe mein Bein.

16

„Oh nein!", ruft Anton.

„Doch nicht an den Christbaum!"

Er zieht mich weiter.

Was hat er nur?

Da sehe ich einen seltsamen Mann

mit rotem Mantel und Zipfelmütze.

Er hat einen unechten weißen Bart.

Nur die Nase schaut heraus.

Seltsame Verkleidung!

Auf dem Rücken trägt er einen Sack.

Schwer ist der und prall gefüllt.

Mein Riecher sagt mir:

Da stimmt was nicht!

Das muss ein Dieb sein!

So klein ich auch bin –

mein Mut ist riesengroß.

„Haltet den Dieb!", belle ich

und packe ihn am Hosenbein.

Der Mann stolpert und stürzt.

Aus seinem Sack kullern

Orangen und Nüsse.

Ich knurre fürchterlich.

„Bengel!", schreit Anton

und hilft ihm auf die Beine.

„Lass den Weihnachtsmann in Ruhe!

Der verteilt hier doch Geschenke."

Oh-oh! Ich ziehe den Schwanz ein

und springe auf Antons Arm.

„Entschuldige dich!", sagt er zu mir.

Na gut.

Ich schlecke

dem Weihnachtsmann

kreuz und quer übers Gesicht.

Und Anton auch.

Die beiden lachen.

Anton wuschelt mir durchs Fell:

„Du bist eben ein richtiger Bengel!"

Wims Weihnachtswunder

Wim liegt im Bett und ärgert sich.

Über sich und seinen Schlitten.

Der ist alt und schief und krumm.

Dreimal ist Wim heute

davon runtergefallen.

Nichts kann ihn aufheitern.

Nicht mal,

dass morgen Weihnachten ist.

Sobald er die Augen schließt,

sieht er vor sich wieder den Berg.

Der Schlitten kippt, er stürzt ...

Plötzlich wird er vom Wind erfasst.

Immer höher wirbelt er ihn hinauf.

Im nächsten Augenblick sitzt Wim

auf einem großen Schlitten.

Davor sind vier Rentiere gespannt.

Sie fliegen über den Himmel!

Neben Wim sitzt ein Mann

mit einem roten Mantel.

Sein weißer Bart wackelt lustig,

als er sagt: „Herzlich willkommen!

Nett, dass du mir hilfst, Wim."

Er deutet nach hinten.

Dort türmen sich Päckchen.

„Die müssen alle auf die Erde."

Der Weihnachtsmann drückt Wim
die Zügel in die Hand: „Du fährst.
Ich verteile die Geschenke."
Wim wird trotz der Kälte heiß.
Kann er das denn?
„Und jetzt flieg tiefer!",
ruft der Weihnachtsmann.
Wim hält die Zügel tief.
Die Dächer der Stadt kommen näher.

Er hat alles richtig gemacht.

Schon zischen sie

über den Schornsteinen dahin.

Hinter Wim rumpelt es.

Der Weihnachtsmann

wirft Geschenke ab.

„Und jetzt da rüber!", befiehlt er.

So fliegen sie im Zickzack

über die ganze Stadt.

Der Weihnachtsmann schnauft.

Die Rentiere schnauben.

Und Wim strahlt.

Das macht Spaß!

Als es langsam hell wird,

bedankt sich der Weihnachtsmann.

„Das hast du toll gemacht, Wim!"

Er schüttelt ihm die Hand.

Wim wacht davon auf,

dass jemand an seiner Hand rüttelt.

„Fröhliche Weihnachten!",

kräht seine kleine Schwester.

Wim reckt und streckt sich.

Was für ein wunderbarer Traum!

Doch als er dann am Abend

seine Geschenke auspackt,

kann er es kaum glauben:

Ein funkelnagelneuer Schlitten!

Er sieht ganz ähnlich aus
wie der vom Weihnachtsmann.
Nur kleiner.
Wim springt sofort auf und jubelt:
„Das ist ein Traum-Schlitten!"

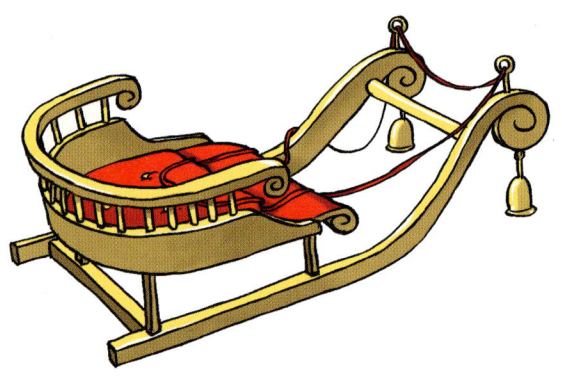

Eine schöne Bescherung!

Es ist Weihnachten.

Mama ist einkaufen gegangen.

Papa schmückt den Baum.

Und Tobi langweilt sich.

Da hat er eine tolle Idee:

Er will Plätzchen backen.

Als Überraschung für Mama.

Seine Katze Tapsi hilft mit.

Tobi schüttet Mehl in eine Schüssel.

Und auch daneben.

Tapsi macht überall weiße Tapser.

Tobi schlägt Eier auf.

Tapsi leckt die zerbrochenen auf.

Dann wirft Tobi Gummibärchen dazu
und schaltet den Mixer ein.

Rrrrrt!, dröhnt es laut.

Tapsi maunzt und miaut.

Das Mehl wirbelt zu einer Wolke auf.

Gummibärchen fliegen umher.

Eier spritzen kreuz und quer.

Tapsi verkriecht sich unterm Tisch.

Tobi hustet und prustet.

Die Küchentür geht auf.

„Um Himmels willen!", ruft Mama.

„Schöne Bescherung!", sagt Papa.

Tobi strahlt.

„Überraschung, Mama!", schreit er.

„Das wird dein Weihnachtsgeschenk:
selbst gebackene Plätzchen!"

Mama und Papa
schauen sich an und lachen.
„Das ist aber lieb!", sagt Mama
und nimmt Tobi in den Arm.
Und Papa nimmt Mama in den Arm.
Und Tapsi springt oben drauf. Miau!

Die gierige Prinzessin

Es war einmal

ein klitzekleines Königreich.

Dort lebten der König und die Königin

mit ihren 365 Untertanen

und ihrer Tochter Pia.

Prinzessin Pia war ihr einziges Kind

und sie liebten sie sehr.

So sehr, dass sie ihr

jeden Wunsch erfüllten.

Pia hatte einen Elefanten,

zwei Kutschen, drei goldene Rutschen,

vier Krönchen, fünf Thrönchen,

sechs Dalmatiner und sieben Diener.

Pia bekam alles, was sie wollte.

An Weihnachten wollte Pia

Geschenke.

Einen Berg von Geschenken.

Sie befahl,

dass jeder ihrer Untertanen

ihr ein Päckchen bringen sollte.

Bald bildete sich eine lange Schlange

vor dem Schloss.

Drinnen saß die Prinzessin

mit einem ihrer Krönchen

auf einem ihrer Thrönchen

und packte aus.

Ritsch!, riss sie die Schleifen ab.

Ratsch!, fetzte sie das Papier ab.

Die Geschenke ließ sie achtlos fallen

und schrie: „Das nächste!"

Beim 365. Geschenk

reichte es dem König.

Rot vor Wut erhob er sich.

„Und nun, mein Volk", donnerte er.

Die Untertanen zogen die Köpfe ein.

„... nun werde auch ich

euch etwas schenken!"

Sie reckten die Köpfe wieder.

Der König sah Pia lange an.

„Meine Tochter", verkündete er,

„soll jedem von euch

einen Tag lang dienen."

Das Volk jubelte.

Pia schrie empört auf.

Doch sosehr sie auch flehte,

ihr Vater blieb hart.

Von da an musste sie
Tiere füttern und Ställe ausmisten,
backen, kochen und putzen.
Und als ein Jahr vergangen war,
wünschte sie sich nur eins:
einmal richtig faulenzen!

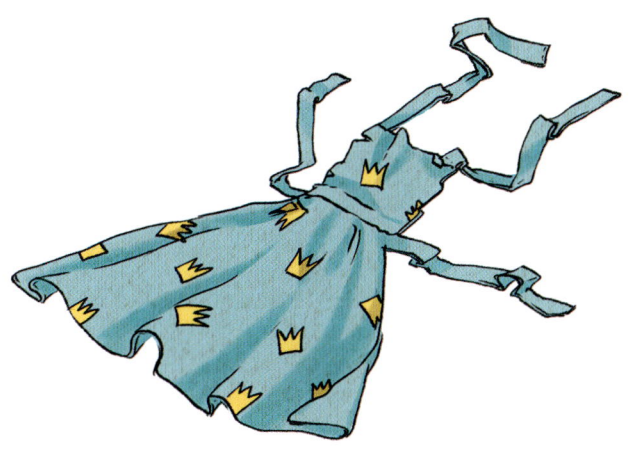

Das Weihnachtsgespenst

In England klettert
der Weihnachtsmann nachts
durch den Kamin und steckt
die Geschenke in Strümpfe.
Die hängen die Kinder
dort für ihn auf.
Bescherung ist erst
am Morgen des 25. Dezembers.

John dauert das jedes Jahr zu lange.

Viel, viel, viel zu lange.

Deshalb beschließt er:

Er wird heute Nacht dabei sein,

wenn der Weihnachtsmann kommt.

Leise schleicht er die Treppe hinab.

Krrrrrrx!, knarzen die Stufen.

Das Wohnzimmer sieht

im blassen Mondlicht unheimlich aus.

41

Plötzlich raschelt es in einer Ecke.

John fährt herum.

Ein kleiner Schatten huscht davon.

Eine Maus?

John bekommt Gänsehaut.

Ob er lieber wieder

in sein warmes Bett gehen soll?

Er schleicht zurück zur Tür.

Und schnappt nach Luft.

Da bewegt sich was!

Es ist weiß und wallend und groß.

„Ein Gespenst!", keucht John.

Das Gespenst kommt näher.

Stufe für Stufe. Unaufhaltsam!

John ist wie erstarrt.

Es kommt auf ihn zu,

beugt sich zu ihm

und gibt ihm einen feuchten Kuss.

Ihhh! Gespenstersabber!

Dann kichert das Gespenst.

Es klingt wie seine große Schwester.

John wischt sich die Wange ab.

„Linn!", ruft er. „Lass das!"

Jetzt erkennt er

ihr langes weißes Nachthemd.

„Du stehst unterm Mistelzweig",

sagt Linn. „Da muss man küssen.

Na, Angst gehabt?"

„Nö!", prahlt John.

„Ich warte auf den Weihnachtsmann."

„Au ja!", sagt Linn. „Ich mach mit."

Die beiden kuscheln sich

auf dem Sofa aneinander.

Linn gähnt. John auch.

John schläft ein. Linn auch.

Am nächsten Morgen sind
die Strümpfe am Kamin prall gefüllt.
John ist ein bisschen enttäuscht.
Aber Linn lacht:
„Wenigstens hast du jetzt
das Weihnachtsgespenst gesehen!"

Eine Maus verschenkt sich selbst

Milla ist eine Maus. Eine Hausmaus.

Genauer gesagt: eine Kaufhausmaus.

Sie wohnt in der Schuhabteilung.

Dort riecht es so gut nach Käse,

wenn die Leute die Schuhe ausziehen.

Wie alle Mäuse hat Milla

eine große neugierige Nase.

Die steckt sie überall hinein.

Eines besonderen Tages
(genauer gesagt an Weihnachten)
steckt Milla ihre Nase
ganz tief in einen Schuhkarton.
Plötzlich macht es *Pflupps!*
und sie fällt Nase voran hinein.
„Hoppla!", fiept Milla erschrocken.
Sie will hinausklettern,
doch schon kommt oben
der Deckel drauf.

Milla sitzt fest.

Es ist dunkel hier drinnen.

Milla kuschelt sich in einen Stiefel.

Der ist ein prima Bett.

Der Karton schaukelt und schuckelt.

Er wiegt sie und ruckelt.

Milla schläft ein.

Sie träumt von gelben Käsestücken

mit großen runden Löchern.

Als sie aufwacht,

ist immer noch alles dunkel.

Doch ein wunderbarer Gesang dringt

an ihr Ohr und bis in ihr Herz.

Tannenduft liegt in der Luft.

Auf einmal geht der Deckel auf.

„Neue Winterstiefel", sagt Katja

und will den Karton schon weglegen.

Da hüpft Milla Maus heraus.

Zehn große Augen starren sie an.

„Oh!", ruft Katjas Papa.

„Ahhhh!", ruft Katjas Mama.

„Ihhhhhhhhh!", ruft Katjas Opa.

Katjas Oma ruft gar nichts.

Sie fällt in Ohnmacht.

Katja aber jubelt.

„Jippie! Eine Maus!

Die habe ich mir sooo gewünscht!"

Sie nimmt Milla auf die Hand
und streichelt ihr über den Kopf.
„Du bist mein tollstes Geschenk!"
Und dann bringt sie der Maus
ein großes gelbes Stück Käse.
Genau wie Milla es sich erträumt hat.

Die Waldweihnacht

Ben und Linda sitzen auf dem Sofa.

Doch das Sofa steht im Flur.

Um sie herum stapeln sich Kartons.

Sie sind gerade erst eingezogen.

Und dabei ist heute Weihnachten.

Aber wie soll man

in dem Durcheinander feiern?

Linda seufzt. „Ich glaube,

Weihnachten fällt dieses Jahr aus."

Ben seufzt mit.

Plötzlich springt Linda auf.

„Ich habe eine Idee!"

Sie verschwindet und kehrt zurück –

mit einer Möhre und einer Sprühdose.

„Komm mit, Ben!", ruft sie.

„Was hast du vor?", fragt er.

Aber Linda verrät nichts.

Sie stapfen durch

verschneite Straßen zum Wald.

Auf einer Lichtung

bleibt Linda stehen und sagt zu Ben:

„Such dir einen Christbaum aus!"

„Aber die passen

doch gar nicht in die Wohnung."

Linda lacht. „Müssen sie auch nicht.

Wir feiern nämlich Waldweihnacht!"

Ben strahlt. „Au ja!

Den Baum da finde ich schön!"

Die Geschwister sprühen

die Tannenzapfen golden an.

Dann bauen sie einen Schneemann.

Aber einen ganz besonderen:

einen Schnee-Engel mit Flügeln.

Am Nachmittag führen sie

ihre Eltern auf die Lichtung.

Es ist schon dunkel.

Doch über ihnen funkeln die Sterne
und leuchten ihnen den Weg.
„Es ist wunderschön hier!",
rufen die Eltern begeistert
und bestaunen Baum und Engel.
Sie trinken heißen Apfelsaft
und knabbern Omas Plätzchen.
Dann singen sie Weihnachtslieder
und Papa tanzt dazu mit Mama
um den Baum.

Linda und Ben drehen sich im Kreis,
bis ihnen schwindelig wird
und sie in den Schnee plumpsen.
Lautlos beginnt es zu schneien.
Dicke Flocken segeln vom Himmel
und setzen sich auf die Zweige.
Der Mond lässt sie silbern glitzern.
So eine Waldweihnacht
ist einfach zauberhaft!

Eva Hierteis, geboren 1972, träumte schon als Kind davon, Bücher zu schreiben, kam jedoch nie über die dritte Seite hinaus. Das hat sich inzwischen geändert. Nach einem Literaturstudium und einigen Jahren in einem Kinderbuchverlag hat sie sich endlich

ihren Traum erfüllt und widmet sich ganz dem Schreiben. Sie lebt mit ihrer Familie in Nürnberg, der Stadt der Lebkuchen und des berühmten Christkindlmarktes.

Cornelia Haas, geboren in Ichenhausen bei Günzburg, aufgewachsen in der Nähe von Augsburg, machte zunächst eine Lehre als Schilder- und Lichtreklameherstellerin. Da sie jedoch immer schon Bildermalen schöner fand als Schildermalen, trieb sie ihre Leidenschaft nach Münster an die Fachhochschule. Dort studierte sie Grafikdesign mit dem Schwerpunkt Illustration. Seit einigen Jahren ist sie nun als freischaffende Illustratorin tätig. Sie lebt noch immer in Münster und arbeitet zusammen mit vielen netten Kollegen in der Ateliergemeinschaft Hafenstraße 64.

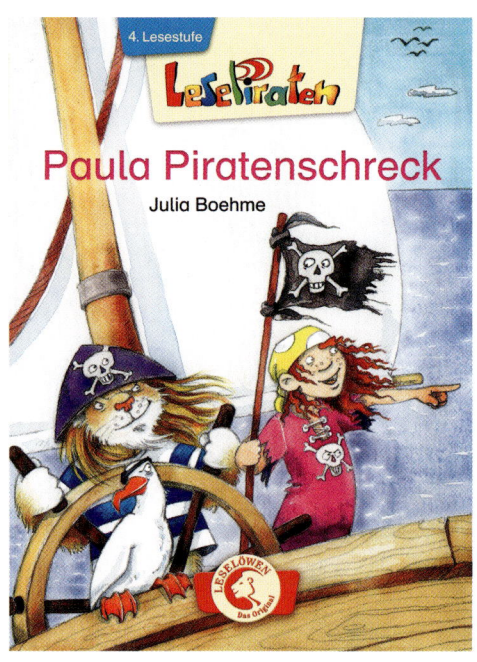

Donner und Kanonenrauch! Im Piratenhafen sorgt
ein geheimnisvoller Schatz für Wirbel. Während die
Piraten im Trüben fischen, gelingt es Paula Piratenschreck
und ihrem Freund Laslo, den Schatz zu bergen. Da schauen
Käpten Zottelxaver & Co. ganz schön dumm aus den Segeln.
Kein Wunder, denn schließlich ist Paula Piratenschreck das
mutigste Mädchen der Weltmeere!

Die Reihe *Lesepiraten* bietet viele tolle Geschichten für
Erstleser ab 7 Jahren. Die klare Textgliederung in Sinnzeilen
garantiert ein müheloses Erfassen des Inhalts und ermöglicht
so auch weniger geübten Lesern ein schnelles Erfolgserlebnis.
Zahlreiche farbige Illustrationen sorgen darüber hinaus
für ausreichend Lesepausen. Also, Schiff ahoi mit den
Lesepiraten – das Meer der Geschichten wartet!